즐거운 갓생 汉语
생활 중국어

김은주 · 한미애 공저

(주)백산출판사

머리말

1. 즐거운 갓생 생활 중국어

전통적인 경계를 넘어서는 언어 학습의 시대에서, 『즐거운 갓생 생활 중국어』는 특히 신세대를 위해 고안된 선구적인 책으로 중국어 학습과 중국 문화, 사회, 생활 방식의 다양한 내용으로 구성하였으며 중국어에 관심이 있는 누구나 즐겁고 쉽게 배울 수 있도록 실제 상황, 실용적인 대화, 문화적 특징을 포함하였다.

2. 신세대의 학습 스타일 수용

신세대의 고유한 학습 선호도를 이해하는 『즐거운 갓생 생활 중국어』에서는 그들의 관심사와 라이프 스타일에 맞는 콘텐츠가 통합되어 있어 중국어 언어 능력을 전달할 뿐만 아니라 학습자들이 실제 중국인들과 대화를 나누는 데 어색함이 없도록 중국 문화 및 사회적 추세와 연계하여 구성하였다.

3. 혁신적인 '모션 중국어' 방식

『즐거운 갓생 생활 중국어』 교육 방식은 모션, 즉 몸동작을 활용하여 중국어 성조를 배우는 독특한 학습 방식으로, 학습자는 신체 움직임을 통하여 중국어 성조를 율동처럼 재미있게 표현할 수 있으며 성조를 자연스럽게 익히고 기억에 남을 수 있게 함으로써 중국어 학습의 장벽이었던 성조에 누구나 쉽게 접근할 수 있도록 하였다.

4. 중국어 발음을 위한 고유한 한글 표기

『즐거운 갓생 생활 중국어』는 중국어 발음을 친숙한 한글로 표기하여, 학습자들이 중국어 발음을 보다 명확하게 이해할 수 있도록 도와준다. 이러한 방식은 학습 과정을 가속하고, 언어 능력에 대한 자신감을 구축하는 데 긍정적인 역할을 하며 중국어 발음의 섬세한 뉘앙스를 한국어 사용자에게 직관적으로 전달함으로써 언어 학습의 장벽을 낮추는 중요한 역할을 한다.

새로운 중국어 학습 시대에 『즐거운 갓생 생활 중국어』는 즐겁고 효과적인 방식으로 중국어를 배우는 것뿐만 아니라 중국어를 경험하고 생활할 수 있는 행복한 갓생의 길을 열어줄 것이다.

2026년 2월

저자 김은주, 한미애

차례

Chapter 1

중국 개황

中国이란 말은 곧 온 천하 중에서 가장 중심적인 위치에 있으면서 문화가 가장 발달된 지역이란 뜻이었지만, 오늘날에는 하나의 나라라는 뜻보다는 어떤 훌륭한 문화를 형성하고 있었던 문화권이라는 의미로 중국을 파악해야 한다.

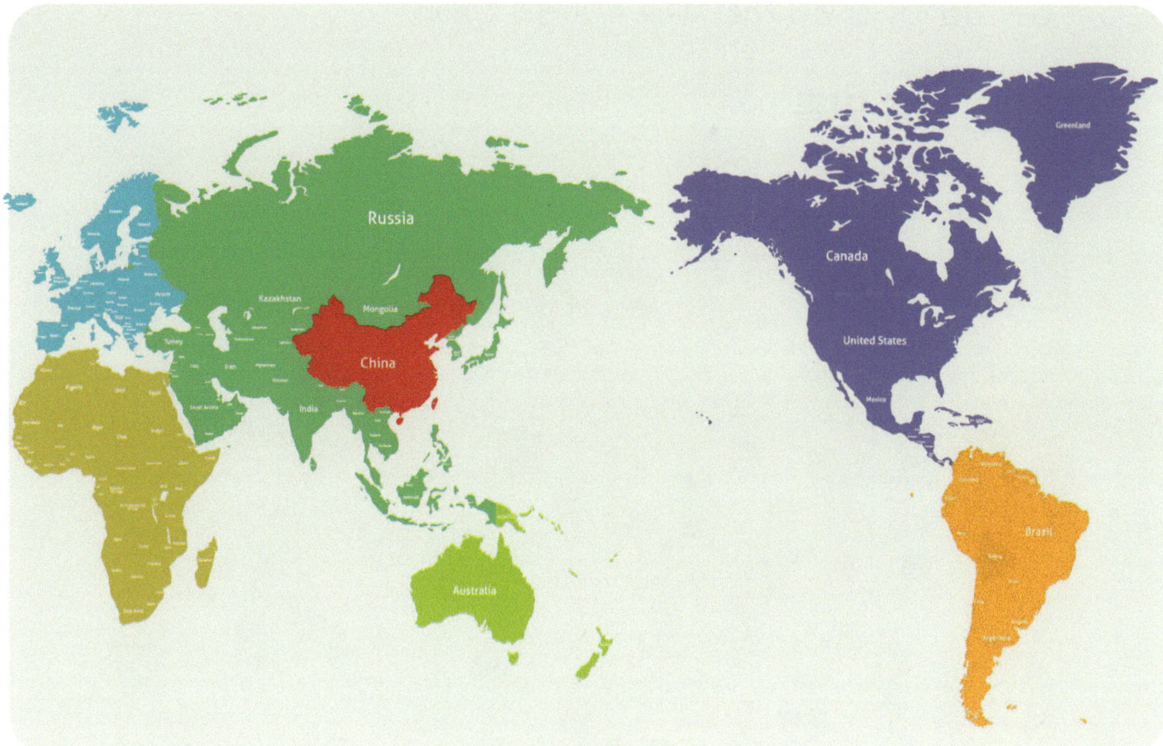

- 면적 : 960만km^2, 세계 4위, 한반도의 44배, 남한의 99배

중국의 인구 수

- 인구: 남한 5,175만 명의 27배, 제주도 67만 명의 2,089배

중국의 소수민족

중국의 행정구역

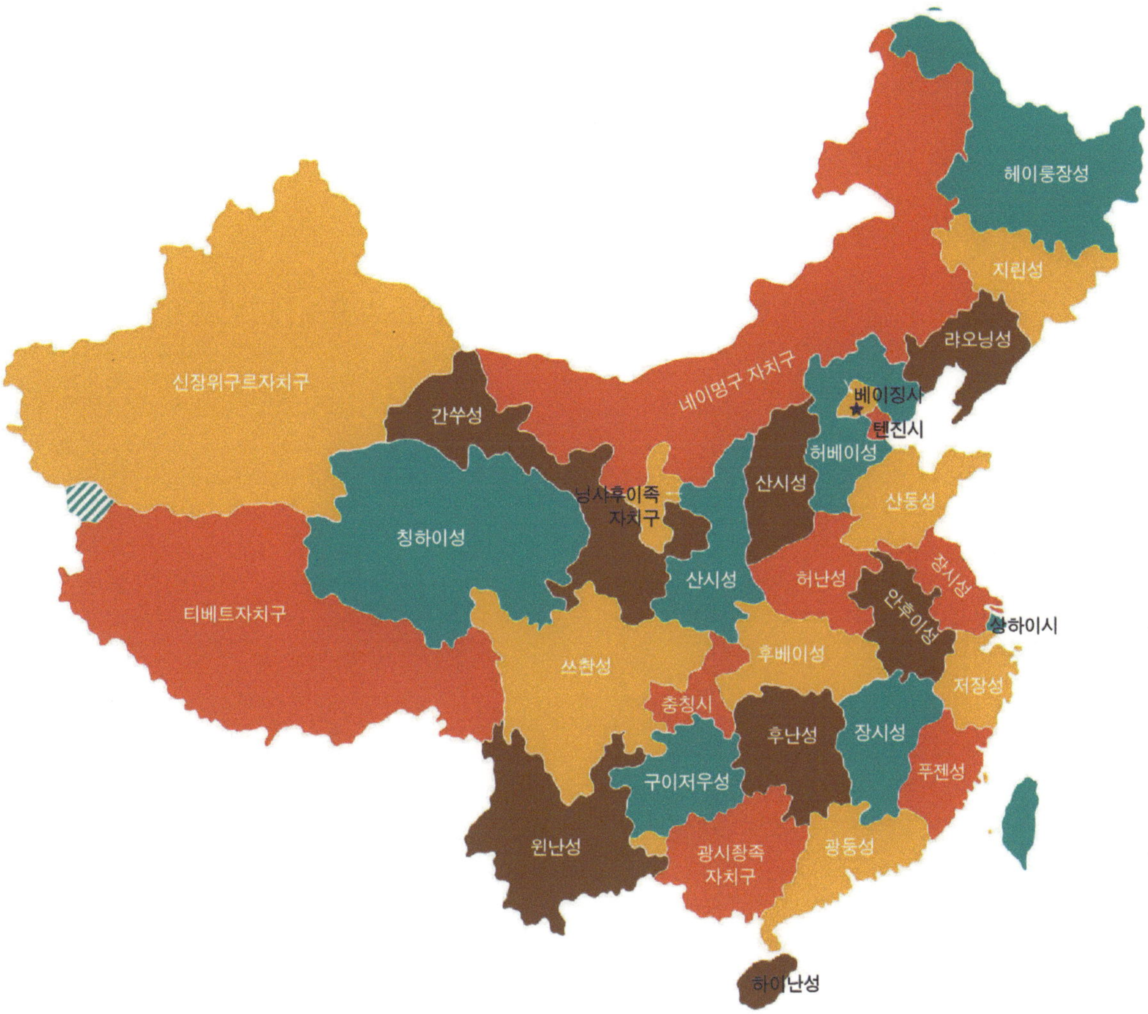

- 23개의 성, 5개의 자치구, 4개의 직할시

- **국가명**: 중화인민공화국(中华人民共和国)의 약칭 중국(中国)
- **건국일**: 1949.10.01.
- **한국과의 수교**: 1992.08.24.
- **국기**: 붉은 바탕, 황색 큰 별 1개와 작은 별 4개
- **명칭**: 오성홍기(五星紅旗)
- **의미**: 중국 공산당(큰 별), 4개 계급(노동자, 농민, 도시 소자산계급, 민족자본 계급), 혁명(붉은색 바탕) 상징

중국의 국화

중국의 대통령(总统)

▲ 시진핑(习近平) 국가 주석

▲ 펑리위안(彭丽媛) 영부인

중국어 발음의 개요

1. 중국어의 단음절적 성격

표준 중국어에서 각 문자는 하나의 음절이며 대부분은 단일어 또는 복합어의 일부에 해당한다. 이러한 특징은 언어를 단음절로 만들고, 여기서 기본 언어 단위는 문자이자 고유한 의미를 지닌 음절이다.

2. 중국어 음절의 구조

중국어의 음절은 성모, 운모, 성조로 이루어지는데, 성모는 음절의 맨 처음에 나오는 자음이고, 운모는 맨 앞의 성모를 제외한 나머지 부분인 모음 부분을 가리키며, 일부는 모음 소리로 직접 시작될 수 있다. 표준 중국어는 음절의 높이나 억양에 따라 의미가 바뀌는 성조를 사용하며 네 가지 주요 성조가 있는데, 각 성조는 특정 발음 구별 부호로 표시된다.

3. 간체 한자와 병음

현대 중국어, 특히 중국 본토에서는 기존 한자(번체자)를 간략화한 간체자를 사용하는데 이는 기존 한자보다 더 적은 획으로 디자인되어 쓰기 능력과 효율성을 높이고, 쉽고 빠르게 한자를 익힐 수 있다.

중국어 병음(汉语拼音)은 한자의 표준 로마자 표기 체계로, 로마 알파벳을 사용하여 발음을 표기할 수 있도록 고안되어 중국어 소리와 서면 형식 사이를 연결하는 역할을 하며 학습자들이 누구나 쉽게 중국어를 발음할 수 있게 한다.

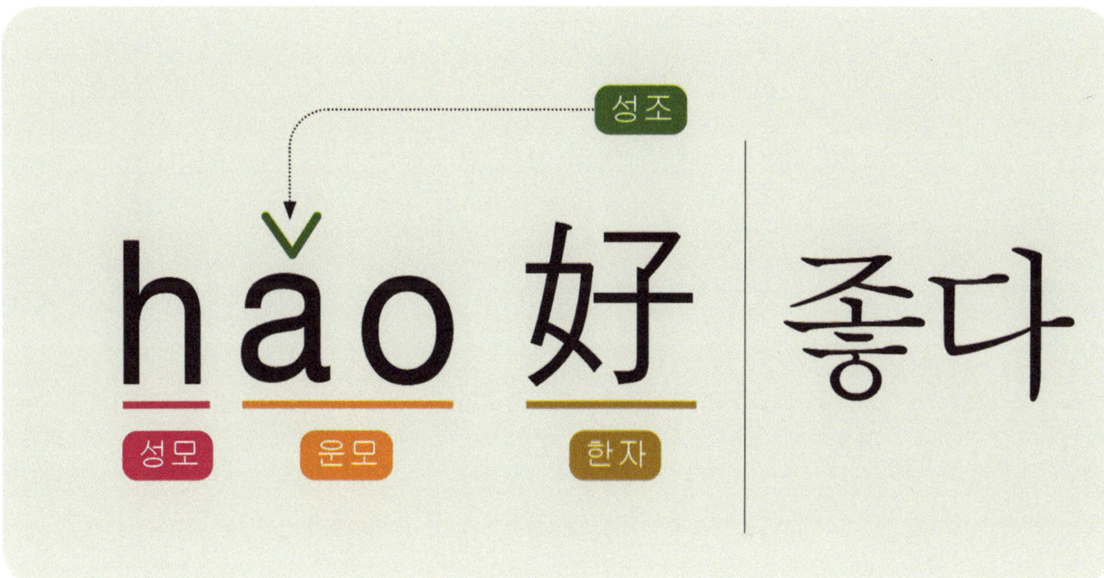
성조
hǎo 好
좋다
성모
운모
한자

Chapter 2

성모(자음)

双唇音
쌍순음

알파벳 : b, p, m
발 음 : ㅃ, ㅍ, ㅁ

• 【b】 위아래 입술을 다물고 있다가 떼면서 【**뽀어**】 하고 발음한다.
• 【p】 위아래 입술을 다물고 있다가 떼면서 【**포어**】 하고 발음한다.
• 【m】 위아래 입술을 다물고 있다가 떼면서 【**모어**】 하고 발음한다.

唇齿音
순치음

알파벳 : f
발 음 : fㅍ

• 【f】 윗니를 아랫입술 안쪽에 붙였다 떼면서 영어의 【f】 발음하듯이 【**포어**】 하고 발음한다.

※ 빨간색으로 표시된 한글 자음은 실제 중국어 발음과 차이가 있으므로 주의한다.

舌尖音
설첨음

알파벳 : d, t, n, l
발 음 : ㄸ, ㅌ, ㄴ, ㄹ

- 【d】 혀끝을 윗니의 윗몸에 붙였다 떼면서 【뜨어(떠)】 하고 발음한다.
- 【t】 혀끝을 윗니의 윗몸에 붙였다 떼면서 【트어(터)】 하고 발음한다.
- 【n】 혀끝을 윗니의 윗몸에 대었다가 콧소리를 내듯이 【느어(너)】 하고 발음한다.
- 【l】 혀끝을 윗니의 윗몸에 붙였다 떼면서 【르어(러)】 하고 발음한다.

舌根音
설근음

알파벳 : g, k, h
발 음 : ㄲ, ㅋ, ㅎ

- 【g】 혀뿌리를 입천장 안쪽에 붙였다 떼면서 【끄어(꺼)】 하고 발음한다.
- 【k】 혀뿌리를 입천장 안쪽에 붙였다 떼면서 【크어(커)】 하고 발음한다.
- 【h】 혀뿌리를 입천장 안쪽에 가까이하고 【흐어(허)】 하고 발음한다.

舌面音
설면음

알파벳 : j, q, x
발 음 : ㅈ, ㅊ, ㅅ

- 【j】 입을 좌우로 당기고 혓바닥을 입천장에 살짝 붙였다 떼면서 【지】 하고 발음한다.
- 【q】 입을 좌우로 당기고 혓바닥을 입천장에 살짝 붙였다 떼면서 【치】 하고 발음한다.
- 【x】 입을 좌우로 당기고 혓바닥을 입천장에 접근시켜 【시】 하고 발음한다.

卷舌音 (舌尖后音)
권설음(설첨후음)

알파벳 : zh, ch, sh, r
발 음 : r ㅈ, r ㅊ, r ㅅ, r ㄹ

- 【zh】 혀끝을 위로 말아 목구멍 쪽으로 향하게 하고 입천장에 살짝 대면서 【즈】 하고 발음한다.
- 【ch】 혀끝을 위로 말아 목구멍 쪽으로 향하게 하고 입천장에 살짝 대면서 【츠】 하고 발음한다.
- 【sh】 혀끝을 위로 말아 목구멍 쪽으로 향하게 하고 입천장에 가까이하면서 【스】 하고 발음한다.
- 【r】 혀끝을 위로 말아 목구멍 쪽으로 향하게 하고 입천장에 가까이하면서 【르】 하고 발음한다.

※ 빨간색으로 표시된 한글 자음은 실제 중국어 발음과 차이가 있으므로 주의한다.

舌齿音 (舌尖前音)
설치음(설첨전음)

알파벳 : z, c, s
발 음 : ㅉ, ㅊ, ㅅ

- 【z】 혀끝을 앞 윗니 뒤에 붙였다 떼면서 【쯔】 하고 발음한다.
- 【c】 혀끝을 앞 윗니 뒤에 붙였다 떼면서 【츠】 하고 발음한다.
- 【s】 혀끝을 앞 윗니 뒤에 가까이 대면서 【쓰】 하고 발음한다.

■ 받침

- 알파벳 : n　　발음 : ㄴ
- 알파벳 : ng　　발음 : ㅇ

연습문제 | 练习题

1. 중국어 자음은 총 (   )개로 구성되어 있다.

2. 쌍순음(双唇音)을 쓰시오.

___

3. 순치음(唇齿音)을 쓰시오.

___

4. 설첨음(舌尖音)을 쓰시오.

___

5. 설근음(舌根音)을 쓰시오.

___

6. 설면음(舌面音)을 쓰시오.

___

7. 설첨후음(舌尖后音)을 쓰시오.

___

8. 설첨전음(舌尖前音)을 쓰시오.

___

Chapter 3

운모(모음)

내부 성분의 특징에 따라 단운모(6), 복운모(4), 비운모(5), 권설운모(1), 결합운모(20)로 나누어진다.

单韵母 단운모	알파벳 : a, o, e, I, u, ü 발 음 : 아, 오(어), (으)어, 이, 우, 위

- 【a】 입을 크게 벌리고 입 안쪽에서 길게 【아】 하고 발음한다.
- 【o】 입을 둥글게 하고 입 안쪽에서 【오어~】를 연결하여 발음한다.
- 【e】 입을 약간 벌리고 혀를 중간에 두고 뒤로 밀면서 【으어~】 하고 발음한다.
- 【i】 입을 작게 벌리고 좌우로 당기면서 길게 【이~】 하고 발음한다.
- 【u】 입술을 둥글게 모아 앞으로 내밀고 입 안쪽에서 【우~】 하고 발음한다.
- 【ü】 입술을 작고 둥글게 모아 앞으로 내민 상태에서 【위】 하고 발음한다.

复韵母
복운모

알파벳 : ai, ei, ao, ou
발 음 : 아이, 에이, 아오, 오우

※ 두 개의 단 운모가 결합한 운모

- 【ai】 "아"에 강세를 두고 입을 점차 오므리면서 【아이】 하고 발음한다.
- 【ei】 "에"에 강세를 두고 입을 오므리면서 【에이】 하고 발음한다.
- 【ao】 "아"에 강세를 두고 입을 둥글게 하여 【아오】 하고 발음한다.
- 【ou】 "오"에 강세를 두고 입을 오므려 【오우】 하고 발음한다.

捲舌韵母
권설운모

알파벳 : er
발 음 : 얼

- 【er】 혀끝을 입천장 가까이 살짝 말아 올리면서 【얼】 하고 발음한다.

鼻韵母
비운모

알파벳 : an, en, ang, eng, ong
발 음 : 안, 언, 앙, 엉, 옹

※ 모음에 비음자음운미 【n, ng】를 더한 것

- 【an】 "아"를 발음하다가 콧소리로 "ㄴ"을 소리 내어 【안】 하고 발음한다.
- 【en】 "어"를 발음하다가 콧소리로 "ㄴ"을 소리 내어 【언】 하고 발음한다.
- 【ang】 "아"를 발음하다가 콧소리로 "ㅇ"을 소리 내어 【앙】 하고 발음한다.
- 【eng】 입을 약간 벌리고 혀를 뒤로 밀면서 【엉】 하고 발음한다.
- 【ong】 "오"에 강세를 두고 입을 둥글게 하여 【옹】 하고 발음한다.

结合韵母 결합운모 *〔yi〕-i	알파벳 : -ia, -ie, -iao, *-iou 발 음 : 이아, 이에(예), 이아오(야오), 이어우(여우)
	알파벳 : *-ian, -in, -iang, -ing, -iong 발 음 : 이엔(옌), 인, 이앙(양), 잉, 이옹(용)

- 【-ia】 "이"를 가볍게 천천히 발음하면서 【이아(야)】 하고 발음한다.
- 【-ie】 "이"를 가볍게 천천히 발음하여 【이에(예)】 하고 발음한다.
- 【-iao】 입을 좌우로 가볍게 벌리고 【이아오(야오)】 하고 발음한다.
- 【-iou】 입을 좌우로 가볍게 벌렸다가 입 모양을 바꿔 【이어우(여우)】 하고 발음한다.

- 【-ian】 입을 좌우로 당기면서 길게 【이엔(옌)~】 하고 발음한다.
- 【-in】 입을 좌우로 당기면서 길게 【인~】 하고 발음한다.
- 【-iang】 입을 좌우로 당기고 【이앙(양)】 하고 발음한다.
- 【-ing】 입을 좌우로 가볍게 벌린 상태에서 【잉】 하고 발음한다.
- 【-iong】 입을 좌우로 당긴 후 【이옹(용)】 하고 발음한다.

*복합모음 중 〔-i〕가 단어의 첫머리에 와서 단독으로 음절을 이루면 〔y〕로 표기한다.

*〔-iou〕가 단독으로 쓰이지 않고 聲母와 결합하여 쓰일 때는 〔-iu〕로 표기한다.

*〔-ian〕은 〔i〕와 〔n〕의 영향으로 실제 〔-iɛn 이엔〕으로 발음된다.

结合韵母 결합운모 *〔wu〕-u	알파벳 : -ua, -uo, -uai, *-uei 발 음 : 우아(와), 우오(원), 우아동(와이), 우에이(웨이)
	알파벳 : uan, *-uen, -uang, *-ueng 발 음 : 우안(완), 우언(원), 우앙(왕), 웡

- **【-ua】** "우"를 가볍게 발음하다가 "아"에 강세를 주면서 **【우아(와)】** 하고 발음한다.
- **【-uo】** "우"를 가볍게 발음하다가 입을 둥글게 하여 **【우오(워)】** 하고 발음한다.
- **【-uai】** "아"에 강세를 두고 입술을 둥글게 모아 **【우아이(와이)】** 하고 발음한다.
- **【-uei】** 입술을 둥글게 모아 앞으로 내밀며 **【우에이(웨이)】** 하고 발음한다.

- **【-uan】** 입술을 둥글게 모아 "우"를 짧게 발음하면서 **【우안(완)】** 하고 발음한다.
- **【-uen】** 입술을 둥글게 모아 앞으로 내밀며 **【우언(원)】** 하고 발음한다.
- **【-uang】** 입술을 둥글게 모은 후 바로 **【우앙(왕)】** 하고 발음한다.
- **【-ueng】** 입술을 둥글게 모아 내밀고 입 안쪽에서 **【웡】** 하고 발음한다.

*복합모음 중 〔-u〕가 단어의 첫머리에 와서 단독으로 음절을 이루면 〔w〕로 표기한다.

*〔-uei〕가 단독으로 쓰이지 않고 聲母와 결합하여 쓰일 때는 〔-ui〕로 표기한다.

*〔-un〕이 단독으로 쓰이지 않고 聲母와 결합하여 쓰일 때는 〔-un〕으로 표기한다.

*〔-ueng〕이 단독으로 쓰이지 않고 聲母와 결합하여 쓰일 때는 〔-ong〕으로 표기한다.

结合韵母 결합운모 *〔yu〕-ü	알파벳 : -üe 발 음 : 위에
	알파벳 : -üan, -ün 발 음 : 위엔, 윈

• 【**-üe**】 입술을 둥글게 모아 앞으로 내밀고 【**위에**】 하고 발음한다.

• 【**-üan**】 입을 좌우로 당기고 길게 【**위엔**】 하고 발음한다.

• 【**-ün**】 입술을 둥글게 모아 앞으로 내밀며 【**윈**】 하고 발음한다.

*복합모음 중 〔-ü〕가 단어의 첫머리에 와서 단독으로 음절을 이루면 〔yu〕로 표기한다.

*〔-üan〕은 〔u〕와 〔n〕의 영향으로 실제 〔-üɛn 위엔〕으로 발음된다.

*〔-ü〕가 〔y〕와 〔j, q, x〕 뒤에 결합 될 때는 〔-ü〕 위의 두 점을 생략한다.

연습문제 | 练习题

1. 중국어 운모는 단운모 (　)개, 복운모 (　)개, 비운모 (　)개, 권설운모 (　)개, 결합운모 (　　)개 총 36개 운모로 구성되어 있다.

2. 단운모와 권설운모를 쓰시오.

____

3. 복운모를 쓰시오.

____

4. 비운모를 쓰시오.

____

5. -i와 결합된 결합운모를 쓰시오.

____

6. -u와 결합된 결합운모를 쓰시오.

____

7. -ü와 결합된 결합운모를 쓰시오.

____

한어병음 노래
b p m f d t n l g k h j q x
zh ch sh r z c s zh ch sh r z c s
a o e i u ü a o e i u ü

Chapter 4

인사

안부 및 인사말에는 여러 가지 표현이 있지만, 중국인들은 서로 안면이 있으면 언제나 간단히 인사를 나눠요. 주로 "니하오"로 가볍게 인사하고, 아침에는 "자오안", 저녁에는 "완안"이라고 말해요.

새 단어 | 生词

1. 老师 라오ˇrㅅ스ˉ lǎoshī : 선생님
2. 您 닌ˊ nín : 당신
3. 好 하오ˇ hǎo : 안녕하다
4. 你们 니ˇ먼 nǐmen : 너희들
5. 你 니ˇ nǐ : 너
6. 爸爸 빠ˋ바 bàba : 아버지
7. 妈妈 마ˉ마 māma : 어머니
8. 吗 마 ma : ~까?

한글로 본문 읽기 | 用韩文阅读课文

본문 1

A : 老师, 您好 !

라오ˇr스ˉ, 닌ˊ 하오ˇ

B : 你们好 !

니ˇ먼 하오ˇ

A : 선생님, 안녕하세요!

라오ˇr스ˉ, 닌ˊ 하오ˇ

B : 얘들아, 안녕!

니ˇ먼 하오ˇ

본문 2

A : 你好!

니ˇ하오ˇ

B : 你好 ! 你爸爸, 妈妈好吗 ?

니ˇ하오ˇ ! 니ˇ 빠ˋ바, 마ˉ마 하오ˇ 마

A : 안녕!

니ˇ하오ˇ

B : 안녕! 너희 아버지, 어머니 잘 지내시니?

니ˇ하오ˇ ! 니ˇ 빠ˋ바, 마ˉ마 하오ˇ 마

기타 표현 | 更多表达

1. (아침, 점심, 저녁 인사) 안녕하세요.

   早安，午安，晚安。

   짜오ˇ안ˉ 우ˇ안ˉ 완ˇ안ˉ

2. 댁내 모두 평안하십니까?

   府上都好吗？

   f푸ˇr상 또우ˉ 하오ˇ 마

3. 덕택에 모두 잘 있습니다.

   托您的福，都好。

   투오ˉ 닌ˊ 더 f푸ˊ 또우ˉ 하오ˇ

4. 새해 복 많이 받으세요.

   新年好！

   신ˉ 니엔ˊ 하오ˇ

문법 및 표현 | 语法与表现

1. 복수 나타내기

하나의 수를 단수, 둘 이상의 수를 복수라고 해요. 단수를 나타내는 명사 뒤에 '们먼'을 추가하여 복수를 표현할 수 있어요.

단수	복수
我 워ˇ 나	我们 우리들
你 니ˇ 너	你们 너희들
他 타ˉ 그	他们 그들
她 타ˉ 그녀	她们 그녀들

2. 吗를 이용한 의문문

중국어는 문장 맨 끝에 '吗'를 붙여 의문문을 만들 수 있어요. 한국어로 '~까?'라고 생각하면 쉬워요.

你好吗？ 잘 지내니?

你爸爸、妈妈好吗？ 너희 아버지, 어머니 잘 지내시니?

妈妈是老师吗？ 어머니는 선생님입니까?

*是 r스ˋ ~이다

연습문제 | 练习题

*다음 단어의 알맞은 한어병음을 쓰세요.

1. 爸爸 → ____________________

2. 妈妈 → ____________________

3. 老师 → ____________________

4. 好 → ____________________

*다음 인사말을 올바르게 연결하세요.

1. 웃어른께 인사 • • 你们好

2. 여러 사람에게 인사 • • 你好

3. 아침 인사 • • 您好

4. 친구에게 인사 • • 早安

*다음 문장을 吗를 이용한 의문문으로 바꾸세요.

1. 你们好! → ____________________?

2. 爸爸、妈妈都好。 → ____________________?

3. 妈妈是老师。 → ____________________?

Chapter 5

이름

중국인들은 처음 만나면 서로 명함을 교환하며 자신을 소개해요. 이때 우리나라식의 발음으로라도 상대의 이름을 한 번 불러주고, 미리 한자로 된 자신의 명함을 준비한다면 상대방에게 친밀감을 더해 줄 거에요.

새 단어 | 生词

1. 贵姓　궤이`싱` guìxìng　: 성이 어떻게 되세요?
2. 姓　싱` xìng　: 성이 ~이다
3. 叫　지아오` jìao　: ~라고 부르다
4. 什么　r스언´머 shénme　: 무슨, 무엇
5. 名字　밍´쯔 míngzi　: 이름
6. 认识　r런`r스 rènshi　: 알다
7. 非常　f페이¯r 창´ fēicháng　: 대단히
8. 高兴　까오¯싱` gāoxìng　: 기쁘다

한글로 본문 읽기 | 用韩文阅读课文

A : 您贵姓？

　난ˊ 꿰이ˋ 싱ˋ

B : 我姓金，你叫什么名字?

　워ˇ 싱ˋ 진ˉ, 니ˇ 지아오ˋ r스언ˊ머 밍ˊ쯔

A : 我叫孝丽。认识你，非常高兴。

　워ˇ 지아오ˋ 샤오ˋ리ˋ. r런ˋr스 니ˇ f페이ˉr창ˊ 까오ˉ싱ˋ

B : 认识你，我也非常高兴。

　r런ˋr스 니ˇ, 워ˇ 예ˇ f페이ˉr창ˊ 까오ˉ싱ˋ

A : 성이 어떻게 되세요?

　난ˊ 꿰이ˋ 싱ˋ

B : 저는 김 씨예요, 이름이 뭐예요？

　워ˇ 싱ˋ 진ˉ, 니ˇ 지아오ˋ r스언ˊ머 밍ˊ쯔

A : 저는 효리라고 해요.

　워ˇ 지아오ˋ 샤오ˋ리ˋ. r런ˋr스 니ˇ f페이ˉr창ˊ 까오ˉ싱ˋ

B : 당신을 알게 되어 저도 기쁩니다.

　r런ˋr스 니ˇ, 워ˇ 이에ˇ f페이ˉr창ˊ 까오ˉ싱ˋ

기타 표현 | 更多表达

1. 처음 뵙겠습니다.

   初次见面。

   r추ˉ 츠ˋ 지엔ˋ미엔ˋ

2. 만나 뵙게 되어 반갑습니다.

   见到你很高兴。

   지엔ˋ따오ˋ 니ˇ 헌ˇ 까오ˉ싱ˋ

3. 서로 알고 지내죠, 이분은 김 선생입니다.

   请认识一下，这位是金先生。

   칭ˇ r런ˋr스 이ˊ시아ˋ, r즈어ˋ 웨이ˋ r스ˋ 진ˉ 시엔ˉr스엉

4. 이것은 제 명함입니다. 잘 부탁드립니다.

   这是我的名片，请多多关照。

   r즈어ˋ r스ˋ 워ˇ 더 밍ˊ피엔ˋ 칭ˇ 뚜오ˉ 뚜오ˉ 꽌ˉr즈아오ˋ

문법 및 표현 | 语法与表现

1. 의문대사를 이용한 의문문1

문장 맨 끝에 吗를 붙여 의문문을 만들 수 있고, '어디, 무엇, 누구, 언제'와 같은 의문대사를 활용하여 의문문을 만들 수도 있어요.

평서문	吗 의문문	의문대사 의문문
他是老师。	他是老师吗？	他是谁？
그는 선생님이다.	그는 선생님입니까?	그는 누구니?

2. 성과 이름 묻고 답하기

중국어로 성을 물어볼 때는 상대의 나이나 지위에 따라 알맞게 질문해야 해요. 이름을 묻는 표현은 상대적으로 간단하니 함께 익혀보아요.

您贵姓？ 성이 어떻게 되시나요?

我姓金。 저는 김 씨입니다.

你姓什么？ 너는 성이 뭐니?

我姓李。 나는 이 씨야.

她叫什么名字？ 저분의 성함은 무엇인가요? / 그녀는 이름이 뭐니?

她叫金恩柱。 저분은 김은주라고 합니다. / 그녀는 김은주라고 해.

회화 연습 | 口话练习

저는 ~씨입니다.	我姓~。
저는 이 씨입니다.	我姓李 리ˇ。
저는 고 씨입니다.	我姓高 까오ˉ。
저는 박 씨입니다.	我姓朴 피아오ˊ。

저는 ~라고 합니다.	我叫~。
저는 김은주라고 합니다.	我叫金恩柱。
저는 한미애라고 합니다.	我叫韩美爱。
저는 고○○라고 합니다.	我叫高○○。

연습문제 | 练习题

*다음 단어의 알맞은 한국어 의미를 쓰세요.

1. 认识 → ______________________

2. 非常 → ______________________

3. 姓 → ______________________

4. 高兴 → ______________________

*다음 중 의문대사 의문문을 찾아 ○ 표시하세요.

1. 他是谁？ (　　)

2. 你们是老师吗？ (　　)

3. 妈妈叫什么名字？ (　　)

4. 你认识我吗? (　　)

*〈보기〉를 참고하여 본인의 실제 상황에 맞게 대답해 보세요.

<보기>

김 金 jīn	박 朴 piáo	이 李 lǐ
강 康 kāng	정 郑 zhèng	고 高 gāo
양 梁 liáng	최 崔 cuī	한 韩 hán

1. 你姓什么？

→ ____。

2. 你妈妈姓什么？

→ ____。

3. 你朋友姓什么？

→ ____。

Chapter 6

자기소개

새로운 친구를 만났을 때, 원하는 회사에 면접 보러 갈 때, 중국어로 자기소개를 할 수 있다면 상대방에게 좋은 인상을 남길 수 있을 거예요. 이름을 비롯해 나이, 국적을 말하며 간단하게 자기를 소개해요.

새 단어 | 生词

1. 是 r스ˋ shì : ~이다
2. 哪国人 나ˇ 꾸오ˊr 런ˊ nǎ guó rén : 어느 나라 사람
3. 韩国人 한ˊ꾸오ˊr런ˊ hánguórén : 한국인
4. 今年 진ˉ니엔ˊ jīnnián : 올해
5. 二十岁 r얼ˋrㅅˊ 쒜이ˋ èrshí suì : 스무살
6. 中国人 r종ˉ꾸오ˊr런ˊ zhōngguórén : 중국인
7. 也 이에ˇ yě : ~도
8. 做 쭈오ˋ zuò : 하다
9. 朋友 펑ˊ요우 péngyou : 친구
10. 吧 바 ba : ~하자

한글로 본문 읽기 | 用韩文阅读课文

A：你是哪国人？

니ˇ r스ˋ 나ˇ 꾸오ˊ r런ˊ

B：我是韩国人，今年二十岁。

워ˇ r스ˋ 한ˊ꾸오ˊr런, 진ˉ니엔ˊ r얼ˋr스ˊ 쒜이ˋ

A：我是中国人，也今年二十岁。

워ˇ r스ˋ r종ˉ꾸오ˊr런, 이에ˇ 진ˉ니엔ˊ r얼ˋr스ˊ 쒜이ˋ

B：我们做朋友吧。

워ˇ먼 쭈오ˋ 펑ˊ요우 바

A：너 어느 나라 사람이니?

니ˇ r스ˋ 나ˇ 꾸오ˊr 런ˊ

B：나는 한국인이고, 올해 스무 살이야.

워ˇ r스ˋ 한ˊ꾸오ˊr런, 진ˉ니엔ˊ r얼ˋr스ˊ 쒜이ˋ

A：나는 중국인이고, 역시 올해 스무 살이야.

워ˇ r스ˋ r종ˉ꾸오ˊr런, 이에ˇ 진ˉ니엔ˊ r얼ˋr스ˊ 쒜이ˋ

B：우리 친구 하자.

워ˇ먼 쭈오ˋ 펑ˊ요우 바

기타 표현 | 更多表达

1. 올해 연세가 어떻게 되세요?
   您今年多大年纪了？
   닌ˊ 진니엔ˊ 뚜오ˉ다ˋ 니엔ˊ지ˋ 러?

2. 너는 올해 나이가 몇이니?
   你今年多大了？
   니ˇ 진ˉ니엔ˊ 뚜오ˉ따ˋ 러?

3. 저는 한국에서 왔습니다.
   我来自韩国。
   워ˇ 라이ˊ쯔ˋ 한ˊ꾸오ˊ

4. 저의 취미는 영화 감상입니다.
   我的爱好是看电影。
   워ˇ 더 아이ˋ하오ˋ r스ˋ 칸ˋ 띠엔ˋ잉ˇ

문법 및 표현 | 语法与表现

1. 의문대사를 이용한 의문문2

다양한 의문대사를 활용하여 의문문을 만들어 볼까요? 영어처럼 순서를 바꿀 필요 없이 묻고자 하는 위치에 바로 의문대사를 사용하면 된답니다.

你姓<u>什么</u>？ 너는 성이 <u>무엇</u>이니?

老师是<u>哪</u>国人？ 선생님은 <u>어느</u> 나라 사람인가요?

他是<u>谁</u>？ 그는 <u>누구</u>니?

2. 나이 묻고 답하기

한국어에도 상대의 나이에 따라 '꼬마야, 몇 살?', '너는 몇 살이니?', '연세가 어떻게 되세요?' 등 표현이 있듯이 중국어도 다양한 표현으로 질문할 수 있어요. 대답할 때는 숫자 뒤에 '岁'만 붙이면 돼요.

(꼬마에게)

你几岁？ 몇 살?

我五岁。 다섯 살이에요.

(또래에게)

你多大？ 몇 살이니?

我二十岁。 스무 살이야.

(웃어른께)

您多大年纪？ 연세가 어떻게 되세요?

我四十岁。 마흔 살이란다.

회화 연습 | 口语练习

저는 20살입니다.	我二十岁。
저는 21살입니다.	我二十一岁。
저는 22살입니다.	我二十二岁。
저는 23살입니다.	我二十三岁。

저는 한국인입니다.	我是韩国人。
저는 중국인입니다.	我是中国人。
저는 일본인입니다.	我是日本人 r르`뻔ˇr런´。
저는 미국인입니다.	我是美国人 메이ˇ꾸오´r런´。

연습문제 | 练习题

*다음 문장을 의미에 맞게 알맞은 단어를 써서 완성하세요.

1. 我是 (　　　　　)。　나는 중국인이야.

2. (　　　　　) 二十岁。　올해 스무 살이야.

3. 我们做 (　　　　)吧。　우리 친구 하자.

*다음 문장을 의문대사 의문문으로 바꾸어 보세요.

1. 他是老师。

→ ____?

(저분은 누구시니? 谁)

2. 老师是韩国人。

→ ____?

(선생님은 어느 나라 사람인가요? 哪)

3. 我妹妹是二十岁。

→ ____?

(너의 여동생은 몇 살이니? 多大)

*다음 그림을 보고 중국어로 대답해 보세요.

1. 你是哪国人？

→ ______________________________。

2. 他是哪国人？

→ ______________________________。

3. 你朋友是哪国人？

→ ____。

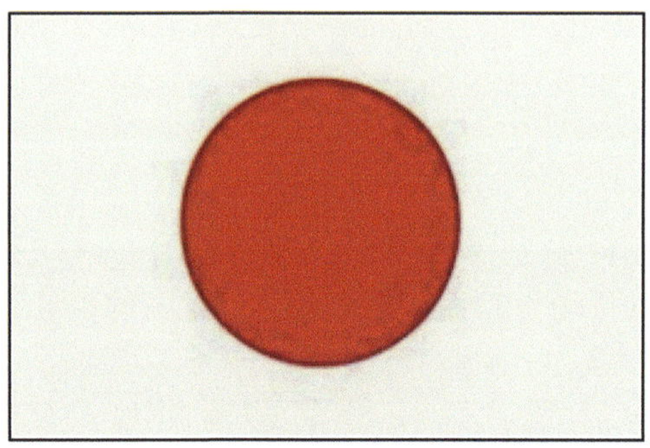

4. 你妈妈是哪国人？

→ ____。

Chapter 7

시간

중국은 우리나라보다 44배나 큰 면적을 가지고 있지만 대부분 지역에서 모두 북경 표준시간을 따라요. 한국과 중국의 시차는 1시간으로 한국이 9시라면 중국은 8시가 된답니다. 중국어로 현재 시각을 묻고 친구에게 약속을 제안해 볼까요?

새 단어 | 生词

1. 现在 시엔`짜이` xiànzài : 지금
2. 几点 지ˇ띠엔ˇ jǐdiǎn : 몇 시
3. 两点 량ˇ띠엔ˇ liǎngdiǎn : 두 시
4. 半 빤` bàn : 30분, 반
5. 一起 이`치ˇ yìqǐ : 함께
6. 去 취` qù : 가다
7. 咖啡厅 카ˉf페이ˉ팅ˉ kāfēitīng : 카페
8. 对不起 뛔이`뿌치ˇ duìbuqǐ : 미안해
9. 有 요우ˇ yǒu : 있다
10. 课 커` kè : 수업

한글로 본문 읽기 | 用韩文阅读课文

A：现在几点?

시엔`짜이` 지ˇ 띠엔ˇ

B：两点半。

량ˇ 띠엔ˇ 빤`

A：我们一起去咖啡厅。

워ˇ먼 이`치ˇ 취` 카¯f페이¯ 팅¯

B：对不起，我三点有课。

뛔이`뿌치ˇ 워ˇ 싼¯ 디엔ˇ 요우ˇ 커`

A：지금 몇 시야?

시엔`짜이` 지ˇ 띠엔ˇ

B：두시 반이야.

량ˇ띠엔ˇ 빤`

A：우리 같이 카페 가자.

워ˇ먼 이`치ˇ 취` 카¯f페이¯ 팅¯

B：미안해, 나 3시에 수업 있어.

뛔이`뿌치ˇ, 워ˇ 싼¯ 디엔ˇ 요우ˇ 커`

기타 표현 | 更多表达

1. 시간 있습니까?

   你有空吗？

   니ˇ 요우ˇ 콩ˋ 마

2. 미안해요. 시간이 없어요.

   对不起，我没有时间。

   뛔이ˋ뿌치ˇ, 워ˇ 메이ˊ요우ˇ r스ˊ지엔ˉ

3. 우리 2시 15분에 만나자.

   我们两点一刻见面。

   워ˇ먼 량ˇ디엔ˇ 이ˊ커ˋ 지엔ˋ미엔ˋ

4. 지금 5분 전 9시야.

   现在差五分九点。

   시엔ˋ짜이ˋ r차ˋ 우ˇf펀ˉ 지우ˇ디엔ˇ

문법 및 표현 | 语法与表现

1. 숫자 익히기

중국어는 숫자를 알면 시간뿐만 아니라 날짜, 요일, 전화번호 등 이야기할 수 있는 내용이 상당히 풍부해진답니다. 1부터 10까지 한 손으로 전부 표현할 수 있어요.

1	2	3	4	5	6	7	8	9	10	100
一	二	三	四	五	六	七	八	九	十	百
이¯	얼`	싼¯	쓰`	우ˇ	리우`	치¯	빠¯	지우ˇ	r스´	빠이ˇ

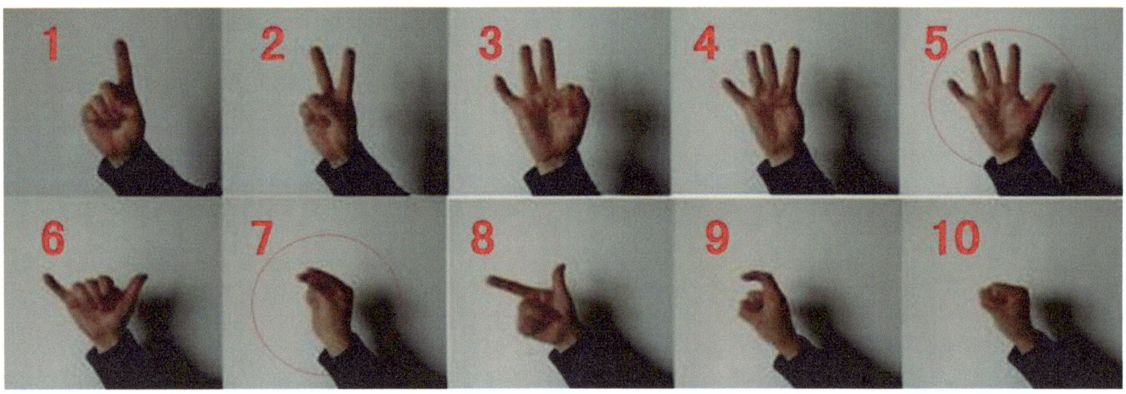

2. 시간 표현하기

숫자 뒤에 点과 分을 붙여 각각 시와 분을 표현할 수 있어요. 참! '2시'는 二点이 아니라 两点이라고 해야 해요.

点(시): 一点, 两点, 三点, 四点… 十一点, 十二点

分(분): 一分, 二分, 三分… 十分, 二十分, 三十分… 五十八分, 五十九分

이 외에도 다양한 표현을 사용하여 시간을 말할 수 있어요.

刻(15분 단위): 一点一刻 1시 15분, 五点三刻 5시 45분

半(30분 단위): 三点半 3시 반, 十一点半 11시 반

差(~전): 差五分六点 5분 전 6시, 差十分九点 10분 전 9시

회화 연습 | 口话练习

지금은 ~입니다.	现在~。
지금은 2시 15분입니다.	现在两点一刻。
지금은 3시 45분입니다.	现在三点三刻。
지금은 9시 반입니다.	现在九点半。

우리 같이 ~에 가자.	我们一起去~。
우리 같이 커피숍에 가자.	我们一起去咖啡厅。
우리 같이 중국에 가자.	我们一起去中国。
우리 같이 학교에 가자.	我们一起去学校 쉐'시아오`。

연습문제 | 练习题

*다음 단어의 발음을 알맞게 연결하세요.

1. 一起 • • 카ˉf페이ˉ팅ˉ
2. 咖啡厅 • • 시엔`짜이`
3. 对不起 • • 이`치ˇ
4. 现在 • • 뛔이`부치ˇ

*시계를 보고 다양하게 시간을 표현해보세요.

1.

2.

3.

*다음 질문에 중국어로 대답해 보세요.

1. 你几点有课?

我 ____________ 有课。

2. 你几点起床?

我 ____________ 起床。

*起床 qǐchuáng 기상하다

3. 你几点去学校?

我 ____________ 去学校。

*学校 쉐´시아오` 학교

Chapter 8

감사

중국인들은 일상생활 중에 "감사합니다"라는 말을 자주 사용해요. 어느 상황에서든 상대방의 배려에 감사를 느끼며 어색하지만 미소 지으며 말해보세요. "시에시에"

새 단어 | 生词

1. 这 r즈어ˋ zhè : 이, 이것
2. 书包 r수ˉ빠오ˉ shūbāo : 책가방
3. 太~了 타이ˋ 러 tài~le : 너무 ~하다
4. 感谢 깐ˇ시에ˋ gănxiè : 감사하다
5. 看 칸ˋ kàn : 보다
6. 一下 이ˊ시아ˋ yíxià : 한번 ~해보다
7. 东西 똥ˉ시 dōngxi : 물건
8. 都 또우ˉ dōu : 모두
9. 钱包 치엔ˊ빠오ˉ qiánbāo : 지갑
10. 汉语书 한ˋ위ˇr수ˉ hànyŭshū : 중국어 책

한글로 본문 읽기 | 用韩文阅读课文

A：这是你的书包吗？

r즈어ˋ r스ˋ 니ˇ 더 r수¯빠오¯ 마

B：是的，太感谢你了。

r스ˋ 더, 타이ˋ 깐ˇ시에ˋ 니ˇ 러

A：你看一下，东西都有吗？

니ˇ 칸ˋ 이ˊ시아ˋ, 똥¯시 또우¯ 요우ˇ 마

B：钱包，汉语书都有。非常感谢。

치엔ˊ빠오¯, 한ˋ위ˇr수¯ 또우¯ 요우ˇ, f페이¯r창ˊ 깐ˇ시에ˋ

A：이거 너의 책가방이니?

r즈어ˋ r스ˋ 니ˇ 더 r수¯빠오¯ 마

B：맞아. 정말 고마워.

r스ˋ 더. 타이ˋ 깐ˇ시에ˋ 니ˇ 러

A：한번 봐봐. 물건 다 있어?

니ˇ 칸ˋ 이ˊ시아ˋ. 똥¯시 또우¯ 요우ˇ 마

B：지갑, 중국어 책 다 있어. 굉장히 고마워.

치엔ˊ빠오¯, 한ˋ위ˇr수¯ 또우¯ 요우ˇ. f페이¯r창ˊ 깐ˇ시에ˋ

기타 표현 | 更多表达

1. 대단히 감사합니다.

   实在不胜感谢。

   r스´짜이` 뿌`r스엉` 깐ˇ시에`

2. 뭐라고 감사의 말씀을 드려야 할지 모르겠습니다.

   不知道怎么感谢才好。

   뿌`r즈¯따오` 쩐ˇ머 깐ˇ시에` 차이´하오ˇ

3. 당신의 도움에 감사드립니다.

   谢谢您的帮助。

   시에`시에 닌´ 더 빵¯r주`

4. 당신의 배려에 감사드립니다.

   谢谢您的关照。

   시에`시에 닌´ 더 꽌¯r자오

문법 및 표현 | 语法与表现

1. 지시대사

무엇인가 가리키는 말을 지시대사라고 해요. '이것'처럼 가까운 것은 가리킬 때는 这를 사용하고 '저것, 그것'처럼 멀리 있는 것은 那를 사용한답니다. 지시대사 뒤에 '儿er'을 붙이면 장소를 나타낼 수 있어요.

지시대사	장소사
这 r즈어` 이, 이것	这儿 r즈얼` 여기, 이곳
那 나` 저것, 그것	那儿 날` 저기, 그곳

2. 동+一下

동사 뒤에 一下를 붙이면 '한번 ~해보다', '좀 ~해보다'와 같이 가벼운 어감을 표현할 수 있어요. 형용사 뒤에는 사용하지 않는다는 점 기억해주세요!

我看一下。 내가 좀 볼게.

你去一下。 네가 한번 가봐.

3. 감사 표현하기

본문에서 배운 感谢 이외에, 谢谢 시에`시에 多谢 뚜오¯시에` 등으로 감사를 표현할 수 있어요. 감사 인사에 대한 대답도 함께 배워볼까요?

不客气 뿌´커`치 천만에요.

不用谢 뿌´용` 시에` 별말씀을요.

谢什么 시에` r스언´머 고맙긴 뭘.

회화 연습 | 口话练习

이것은 ~입니까?	这是~吗?
너의 휴대폰	这是你的手机 r소우ˇ지ˉ 吗?
너의 노트북	这是你的电脑 띠엔ˋ나오ˇ 吗?
너의 여동생	这是你的妹妹 메이ˋ메이 吗?

한번 ~해봐.	동사+一下。
한번 들어봐.	听 팅ˉ 一下。
한번 먹어봐.	吃 r츠ˉ 一下。
한번 가봐.	去 취ˋ 一下。

연습문제 | 练习题

*다음 단어의 알맞은 한국어를 쓰세요.

1. 书包 → ______________________________

2. 钱包 → ______________________________

3. 都 → ______________________________

4. 看 → ______________________________

*다음 〈보기〉를 참고하여 중국어로 대답해 보세요.

<보기>

A：这是你的钱包吗？

B：不是，这是<u>妈妈的</u>钱包。

엄마의

1. A：这是你的手机吗？

   B：不是，这是 __________ 手机。

   선생님의

2. A：这是你的汉语书吗？

   B：不是，这是 __________ 汉语书。

   친구의

3. A：这是你的电脑吗？

B：不是，这是 __________ 电脑。

여동생의

*다음 제시어가 들어갈 위치를 고르세요.

1. 제시어: 一下

你 ① 看 ②， 东西 ③ 都 ④ 有吗？

2. 제시어: 都

① 钱包 ②、汉语书 ③ 有 ④ 。

3. 제시어: 太

是的 ①， ② 感谢 ③ 你 ④ 了。

Chapter 9

축하

중국 친구에게 선물할 때는 주의할 게 있어요. 될 수 있으면 짝수로 준비하고, 그중에서 8은 그 발음이 발전한다는 의미의 发와 같아서 더욱 좋아해요. 그리고 선물 포장지는 길하고 숭고함을 나타내는 붉은색이나 황금색을 좋아해요. 그래서 보통 축의금은 붉은색, 부의금은 흰색 봉투를 사용해요.

새 단어 | 生词

1. 谢谢 시에`시에 xièxie : 감사하다
2. 来 라이´ lái : 오다
3. 生日 r스엉¯r르` shēngrì : 생일
4. 宴会 옌`훼이` yànhuì : 파티
5. 祝 r주` zhù : 기원하다
6. 快乐 콰이`러` kuàilè : 즐겁다
7. 送 쏭` sòng : 보내다
8. 礼物 리ˇ우` lǐwù : 선물
9. 好 하오ˇ hǎo : 매우, 굉장히
10. 漂亮 피아오`량 piàoliang : 예쁘다

한글로 본문 읽기 | 用韩文阅读课文

A：谢谢你们来我的生日宴会。

시에`시에 니ˇ먼 라이´ 워ˇ 더 r스엉¯r르` 옌`훼이`

B：祝你生日快乐!

r주` 니ˇ r스엉¯r르` 콰이`러`

C：这是送你的礼物。

r즈어` r스` 쏭` 니ˇ 더 리ˇ우`

A：好漂亮的礼物，谢谢。

하오ˇ 피아오`량 더 리ˇ우`, 시에`시에

A：내 생일파티에 와줘서 고마워.

시에`시에 니ˇ먼 라이´ 워ˇ 더 r스엉¯r르` 옌`훼이`

B：생일 축하해!

주` 니ˇ r스엉¯r르` 콰이`러`

C：이건 너에게 주는 선물이야.

r즈어` r스` 쏭` 니ˇ 더 리ˇ우`

A：정말 예쁜 선물이네, 고마워.

하오ˇ 피아오`량 더 리ˇ우`, 시에`시에

기타 표현 | 更多表达

1. 축하합니다.
   恭喜恭喜。
   꽁ˉ시ˇ 꽁ˉ시ˇ

2. 부자 되세요.
   恭喜发财。
   꽁ˉ시ˇ f파ˉ차이ˊ

3. 검은 머리 파뿌리 될 때까지 사세요.
   祝你们白头偕老。
   r주ˋ 니ˇ먼 빠이ˊ토우ˊ시에ˊ라오ˇ

4. 하는 일마다 잘 되길 바라요.
   一切顺利。
   이ˊ치에ˋr 순ˋ리ˋ

문법 및 표현 | 语法与表现

1. 명사를 꾸며주는 的

앞에서 뒤에 오는 명사를 꾸며주는 성분을 관형어라고 해요. '재미있는 중국어', '너의 지갑'에서 '재미있는'과 '너의'가 바로 관형어랍니다. 관형어를 만들 때는 일반적으로 的를 사용해요.

有意思的汉语 재미있는 중국어

你的钱包 너의 지갑

送你的礼物 너에게 주는 선물

2. 생일 축하 노래

생일을 맞은 가족이나 친구에게 생일 축하 노래를 불러줄 수 있어요. '생일 축하합니다♬' 가사 대신에 '祝你生日快乐♪'로 바꿔주면 된답니다.

祝你生日快乐。

祝你生日快乐。

祝你生日快~乐。

祝你生日快乐!

회화 연습 | 口话练习

~야 생일 축하해!	祝~生日快乐！
친구야 생일 축하해!	祝朋友生日快乐！
남동생아 생일 축하해!	祝弟弟生日快乐！
할머니 생신 축하드려요!	祝奶奶生日快乐！

~하는 ○○	~的 + 명
너에게 주는 선물.	送你的礼物。
예쁜 지갑.	漂亮的钱包 치엔ˊ빠오ˉ。
재미있는 중국어.	有意思 요우ˇ이ˋ쓰 的汉语。

연습문제 | 练习题

*다음 문장을 의미에 맞게 알맞은 단어를 써서 완성하세요.

1. 谢谢你们来我的生日(　　　　　)。내 생일파티에 와줘서 고마워.
2. 祝你(　　　　　)快乐。생일 축하해.
3. 好漂亮的(　　　　　)。정말 예쁜 선물이네.

*다음 문장에서 관형어를 찾아 동그라미로 표시하세요.

1. 她是老师的妹妹吗？
2. 谢谢，是好漂亮的钱包。
3. 那是你的书包吗？
4. 这是送你的礼物。

*다음 〈보기〉에서 알맞은 축하 표현을 골라 적으세요.

<보기>

ㄱ. 恭喜恭喜　　　　ㄴ. 一帆风顺

ㄷ. 恭喜发财　　　　ㄹ. 祝你们白头偕老

1. 부자 되세요. (　　　　　)
2. 검은 머리 파뿌리 될 때까지 사세요. (　　　　　)
3. 축하합니다. (　　　　　)
4. 하는 일마다 잘되길 바라요. (　　　　　)

Chapter 10

날씨

중국은 대부분 온대몬순기후지만, 지역이 방대해 기후 분포가 다양해요. 동부 연해 지방은 사계절이 뚜렷하고 온난다습하지만, 북쪽의 흑룡강성은 연평균 기온 4℃의 냉대 기후고, 최남단인 해남도는 연평균 기온이 24℃가 넘는 아열대 기후예요. 그러니 중국을 여행할 때는 목적지의 기후에 따라 의복을 준비하세요.

새 단어 | 生词

1. 北京 빼이ˇ징ˉ Běijīng : 베이징, 북경
2. 气候 치ˋ호우ˋ qìhòu : 기후(天气 티엔ˉ치ˋ tiānqì: 날씨)
3. 怎么样 쩐ˇ머양ˋ zěnmeyàng : 어때?
4. 冬天 똥ˉ티엔ˉ dōngtiān : 겨울
5. 冷 렁ˇ lěng : 춥다
6. ~死了 쓰ˇ러 sǐle : ~죽겠다
7. 夏天 시아ˋ티엔ˉ xiàtiān : 여름
8. 经常 징ˉr창ˊ jīngcháng : 자주
9. 下雨 시아ˋ위ˇ xiàyǔ : 비 오다
10. 闷热 먼ˉr르어ˋ mēnrè : 무덥다

한글로 본문 읽기 | 用韩文阅读课文

A : 北京的气候(天气)怎么样?

빼이ˇ징ˉ 더 치`호우` 쩐ˇ머양`

B : 冬天冷死了。

똥ˉ 티엔ˉ 렁ˇ 쓰ˇ러

A : 夏天怎么样?

시아`티엔ˉ 쩐ˇ머양`

B : 经常下雨, 很闷热。

징ˉr창ˊ 시아` 위ˇ 헌ˇ 먼ˉr르어`

A : 베이징의 기후(날씨)는 어때?

빼이ˇ징ˉ 더 치`호우` 쩐ˇ머양`

B : 겨울에는 얼어 죽을 만큼 추워.

똥ˉ 티엔ˉ 렁ˇ 쓰ˇ러

A : 여름은 어때?

시아`티엔ˉ 쩐ˇ머양`

B : 자주 비가 내리고, 매우 무더워.

징ˉr창ˊ 시아` 위ˇ 헌ˇ 먼ˉr르어`

기타 표현 | 更多表达

1. 매우 습하고 끈적해요.

   很潮湿，粘粘的。

   헌ˇ r차오ˊr스ˉ, 니엔ˊ니엔ˊ 더

2. 태풍이 불어요.

   刮台风。

   꽈ˉ 타이ˊf펑ˉ

3. 눈이 오면 눈사람을 만들어요.

   下雪了，做雪人。

   시아ˋ 쉬에ˇ러, 쭈오ˋ 쉬에ˇr런ˊ

4. 미세먼지가 심각해요.

   雾霾很严重。

   우ˋ마이ˊ 헌ˇ 옌ˊr종ˋ

문법 및 표현 | 语法与表现

1. 정도보어의 최상급

어떠한 상태의 정도가 굉장하다는 것을 표현할 때 정도보어의 최상급을 사용할 수 있어요. 한국어에서도 '추워 죽겠다, 배고파 죽겠다'처럼 정도가 심할 때 '~해 죽겠다'라고 이야기하죠? 중국어에서도 '~死了'를 활용해 이렇게 표현할 수 있어요.

冷死了 추워 죽겠어.

饿死了 배고파 죽겠어.

忙死了 바빠 죽겠어.

2. 봄, 여름, 가을, 겨울 사계절과 기후를 중국어로 표현할 수 있어요.

계절	기후
봄 春天 r춘¯ 티엔¯	따뜻하다 暖和 누완ˇ훠
여름 夏天 시야`티엔¯	덥다 热 r르어`
가을 秋天 치오우¯ 티엔¯	서늘하다 凉快 량´콰이`
겨울 冬天 동¯ 티엔¯	춥다 冷 렁ˇ

회화 연습 | 口话练习

~ 날씨 어때?	~天气怎么样？
제주 날씨 어때?	济州 찌ˋr조우ˉ 天气怎么样？
서울 날씨 어때?	首尔 r소우ˇ얼ˇ 天气怎么样？
내일 날씨 어때?	明天 밍ˊ티엔ˉ 天气怎么样？

~ 죽겠어.	형 + 死了。
피곤해 죽겠어.	累 레이ˋ 死了。
바빠 죽겠어.	忙 망ˊ 死了。
배고파 죽겠어.	饿 으어ˋ 死了。

연습문제 | 练习题

*다음 단어의 알맞은 중국어를 쓰세요.

1. 베이징 → ______________________________
2. 무덥다 → ______________________________
3. 자주 → ______________________________
4. 비오다 → ______________________________

*다음 계절과 기후를 올바르게 연결하세요.

1. 春天 •	• 凉快
2. 夏天 •	• 热
3. 秋天 •	• 暖和
4. 冬天 •	• 冷

*다음 문장을 한국어로 바꾸세요.

1. 北京的气候怎么样?

   → ______________________________

2. 冬天冷死了。

   → ______________________________

3. 夏天经常下雨。

   → ______________________________

Chapter 11

취미

중국에서는 아침이면 많은 사람이 함께 모여 태극권을 하거나, 사교춤을 연습하는 장면을 쉽게 볼 수 있어요. 이것은 중국인의 간단한 아침 운동이며, 지금은 취미로 볼링, 당구 등 다양한 스포츠를 즐기고, 축구 관람과 경극 관람을 하기도 해요.

새 단어 | 生词

1. 爱好 아이`하오` àihào : 취미
2. 足球 쭈´치오우´ zúqiú : 축구
3. 比赛 삐ˇ싸이` bǐsài : 시합, 경기
4. 呢 너 ne : ~는?
5. 喜欢 시ˇ환 xǐhuan : 좋아하다
6. 爬山 파´r산¯ páshān : 등산하다
7. 咱们 짠´먼 zánmen : 우리
8. 星期六 싱¯치¯리오우` xīngqīliù : 토요일
9. 汉拿山 한`나´r산¯ Hànnáshān : 한라산
10. 吧 바 ba : ~하자

한글로 본문 읽기 | 用韩文阅读课文

A : 你的爱好是什么？

니ˇ 더 아이`하오` r스` r스언´머

B : 我的爱好是看足球比赛，你呢？

워ˇ 더 아이`하오` r스` 칸` 쭈´치오우´ 삐ˇ싸이`, 니ˇ 너

A : 我喜欢去爬山。

워ˇ 시ˇ환 취` 파´r산ˉ

B : 是吗？ 咱们星期六一起去汉拿山吧。

r스` 마? 짠´먼 싱ˉ치ˉ리오우` 이`치ˇ 취` 한`나´r산ˉ 바

A : 너의 취미는 무엇이니?

니ˇ 더 아이`하오` r스` r스언´머?

B : 내 취미는 축구경기 보는 거야, 너는?

워ˇ 더 아이`하오` r스` 칸` 쭈´치오우´ 삐ˇ싸이`, 니ˇ 너?

A : 나는 등산하러 가는 것을 좋아해.

워ˇ 시ˇ환 취` 파´r산ˉ

B : 그래? 우리 토요일에 함께 한라산 가자.

r스` 마? 짠´먼 싱ˉ치ˉ리오우` 이`치ˇ 취` 한`나´r산ˉ 바

기타 표현 | 更多表达

1. 나의 취미는 먹방 보는 거야.

   我的爱好是看吃播。

   워ˇ 더 아이`하오` r스` 칸` r츠ˉ 뽀ˉ

2. 나는 혼자 음악 듣는 것을 좋아해.

   我喜欢一个人听音乐。

   워ˇ 시ˇ환 이´거r런´ 팅ˉ 인ˉ위에`

3. 너 게임 하는 거 좋아하니?

   你喜欢玩游戏吗？

   니ˇ 시ˇ환 완´ 요우´시` 마

4. 우리 주말에 함께 쇼핑하러 가자.

   咱们周末一起去买东西吧。

   짠´먼 r조우ˉ모` 이`치ˇ 취` 마이ˇ 똥ˉ시 바

문법 및 표현 | 语法与表现

1. 요일 말하기

월요일이 한 주의 첫 시작이라고 생각하고 星期 뒤에 순서대로 숫자를 붙여서 요일을 말할 수 있어요. 일요일은 星期日싱ˉ치ˉ르ˋ라고도 해요.

월	화	수	목	금	토	일
星期一	星期二	星期三	星期四	星期五	星期六	星期天
싱ˉ치ˉ이ˉ	얼ˋ	싼ˉ	쓰ˋ	우ˇ	리우ˋ	티엔ˉ

2. 연동문

동작이 연이어 발생하는 문장을 연동문이라고 해요. '밥 먹으러 가자'에 '먹다'라는 동사와 '가다'라는 동사처럼요. 이때, 먼저 발생하는 동사를 앞에 써주어야 해요.

去爬汉拿山。 한라산에 등산하러 간다.

去看足球比赛。 축구 경기 보러 간다.

회화 연습 | 口话练习

난 ~에 중국어 수업이 있어.	我~有汉语课。
난 월요일에 중국어 수업이 있어.	我星期一有汉语课。
난 화요일에 중국어 수업이 있어.	我星期二有汉语课。
난 금요일에 중국어 수업이 있어.	我星期五有汉语课。

~하러 가다.	去 + 동사 + 명사
밥 먹으러 가다.	去吃饭 r츠ˉ f판ˋ。
영화 보러 가다.	去看电影 칸ˋ 띠엔ˋ잉ˇ。
수업 들으러 가다.	去上课 r상ˋ 커ˋ。

연습문제 | 练习题

*다음 단어의 발음을 알맞게 연결하세요.

1. 咱们 •	• 삐ˇ싸이ˋ
2. 足球 •	• 짠ˊ먼
3. 喜欢 •	• 쭈ˊ치오우ˊ
4. 比赛 •	• 시ˇ환

*다음 단어를 알맞은 순서로 배열하세요.

1. 什么　　你的　　是　　爱好

   → ______________________________

2. 去　　我　　爬山　　喜欢

   → ______________________________

3. 一起去　　咱们　　汉拿山　　星期六

   → ______________________________

*다음 대화를 완성해 보세요.

1. 你星期五去哪儿?

我星期五 ___________ 汉拿山。(등산하러 가)

2. 老师星期一去哪儿?

老师星期一 ___________ 电影。(보러 가)

3. 他星期天去哪儿?

他星期天 ___________ 东西。(쇼핑하러 가)

Chapter 12

커피숍

친구와 만나면 보통 어디에 가나요? 예쁜 카페에 들러 원하는 음료와 맛있는 케이크를 주문하고 위안화로 계산도 해볼까요? 이런! 아직 사진을 안 찍었는데 친구가 음료를 마시려고 하네요!

새 단어 | 生词

1. 要 야오` yào : 원하다
2. 杯 뻬이ˉ bēi : 잔, 컵
3. 冰咖啡 삥ˉ카ˉf페이ˉ bīngkāfēi : 아이스 아메리카노(아아)
4. 一共 이´꽁` yígòng : 합계, 전부
5. 块 콰이` kuài : 화폐단위
6. 看起来 칸`치ˇ라이´ kànqǐlái : 보아하니
7. 好吃 하오ˇr츠ˉ hǎochī : 맛있다
8. 等 떵ˇ děng : 기다리다
9. 还没 하이´ 메이´ hái méi : 아직~ 않다
10. 拍照 파이ˉr자오` pāizhào : 사진을 찍다

한글로 본문 읽기 | 用韩文阅读课文

A：我们要两杯冰咖啡。

워ˇ먼 야오ˋ 량ˇ 뻬이ˉ 삥ˉ카ˉf페이ˉ

B：好的，一共56块。

하오ˇ더, 이ˊ꽁ˋ 우ˇr스ˊ리오우ˋ 콰이ˋ

C：看起来非常好吃！

칸ˋ치ˇ라이ˊ f페이ˉr창ˊ 하오ˇr츠ˉ

A：等等，我还没拍照！

떵ˇ떵ˇ, 워ˇ 하이ˊ 메이ˊ 파이ˉr자오ˋ

A：저희 아아 두 잔 주세요.

워ˇ먼 야오ˋ 량ˇ 뻬이ˉ 삥ˉ카ˉf페이ˉ

B：네, 모두 56위안입니다.

하오ˇ더, 이ˊ꽁ˋ 우ˇr스ˊ리오우ˋ 콰이ˋ

C：정말 맛있어 보인다!

칸ˋ치ˇ라이ˊ f페이ˉr창ˊ 하오ˇr츠ˉ

A：기다려. 나 아직 사진 안 찍었어!

떵ˇ떵ˇ. 워ˇ 하이ˊ 메이ˊ 파이ˉr자오ˋ

기타 표현 | 更多表达

1. 딸기 케이크 하나 주세요.
   我要一个草莓蛋糕。
   워ˇ 야오ˋ 이ˊ거 차오ˇ메이ˊ 딴ˋ까오ˉ

2. 얼음 빼 주세요.
   去冰一下。
   취ˋ 삥ˉ 이ˊ시아ˋ

3. 여기서 드시나요? 포장하시나요?
   在这儿吃还是打包？
   짜이ˋ r즈얼ˋ r츠ˉ 하이ˊr스ˋ 따ˇ빠오ˉ

4. 저기 빈자리 있어요.
   那儿有空位。
   날ˋ 요우ˇ 콩ˉ웨이ˋ

문법 및 표현 | 语法与表现

1. 중국 화폐 단위

중국은 위안화라고 하는 화폐를 사용해요. 1위안부터 100위안까지 전부 마오쩌둥 주석의 얼굴이 새겨져 있답니다. 위안화를 한국의 원화로 환산할 때는 '위안화×환율'로 계산하면 돼요. 예를 들어 환율이 180원인 경우, 1위안은 180원, 100위안은 18000원이랍니다.

1위안 5위안 10위안

20위안 50위안 100위안

2. 양사

한국어의 '잔, 권, 명, 켤레'와 같이 물건의 양을 세는 단위는 '양사'라고 해요. 양사는 반드시 숫자 뒤에, 명사 앞에 와야 하는데, 한 글자씩 따서 '수+양+명'으로 기억하면 쉬워요!

*잔 杯 베이ˉ, 권 本번ˇ, 명 个 거, 켤레 双 r쐉ˉ

한국어(명+수+양)	중국어(수+양+명)
아아 + 한 + 잔 (冰美式 一 杯)	한 + 잔 + 커피 (一 杯 冰美式)
책 + 두 + 권 (书 两 本)	두 + 권 + 책 (两 本 书)

회화 연습 | 口话练习

~ 주세요.	我要 ~ 。
아아 주세요.	我要冰美式。
라떼 주세요.	我要拿铁 나´티에ˇ。
케이크 주세요.	我要蛋糕 딴`까오ˉ。

모두 ~입니다.	一共 ~ 。
모두 38위안입니다.	一共38块。
모두 62위안입니다.	一共62块。
모두 97위안입니다.	一共97块。

연습문제 | 练习题

*다음 밑줄 친 단어의 한국어 의미를 쓰세요.

1. 看起来非常好吃。 → ______
2. 一共46块。 → ______
3. 我们要两杯冰美式。 → ______
4. 我还没拍照。 → ______

*다음 금액을 〈보기〉와 같이 중국어로 써보세요.

<보기>

46위안 → 四十六块

187위안 → 一百八十七块

1. 35위안 → ______
2. 67위안 → ______
3. 248위안 → ______
4. 999위안 → ______

*다음 중 양사의 순서가 올바르면 ○, 그렇지 않으면 × 표시하세요.

1. 冰美式两杯 아아 두 잔 (　　)
2. 一双鞋 신발 한 켤레 (　　)
3. 三个人 사람 세 명 (　　)
4. 书三本 책 세 권 (　　)

Chapter 13

마라탕

안 먹어 본 사람은 있어도 한 번만 먹어 본 사람은 없다는 마라탕! 얼얼하고(마) 맵고(라) 뜨거워서(탕) 붙여진 이름이에요. 맵찔이 친구도 같이 먹을 수 있도록 마라탕의 맵기를 조절하여 주문해 볼게요.

새 단어 | 生词

1. 过 꿔 guo : ~한 적이 있다
2. 麻辣烫 마´라`탕` málàtàng : 마라탕
3. 怕 파` pà : 무서워하다
4. 辣 라` là : 맵다
5. 那 나` nà : 그럼
6. 点 띠엔ˇ diǎn : 주문하다
7. 中辣 r종¯라` zhōnglà : 중간 맛
8. 也 이에ˇ yě : ~도
9. 还是 하이´rㅅ háishi : ~하는 게 낫다
10. 微辣 웨이¯라` wēilà : 약간 매운맛

한글로 본문 읽기 | 用韩文阅读课文

A：你吃过麻辣烫吗？

니ˇ r츠ˉ 꿔 마´라`탕` 마

B：还没吃过。我怕吃辣的。

하이´ 메이´ r츠ˉ 꿔. 워ˇ 파` r츠ˉ 라` 더

A：那我们点中辣吧。

나` 워ˇ먼 띠엔ˇ r종ˉ라` 바

B：中辣也很辣，还是点微辣吧。

r종ˉ라` 이에ˇ 헌ˇ 라`, 하이´r스 띠엔ˇ 웨이ˉ라` 바

A：너 마라탕 먹어본 적 있니?

니ˇ r츠ˉ 꿔 마´라`탕` 마

B：아직 안 먹어봤어. 나 맵찔이거든.

하이´ 메이´ r츠ˉ 꿔. 워ˇ 파` r츠ˉ 라` 더

A：그럼 우리 중간 맛으로 주문하자.

나` 워ˇ먼 띠엔ˇ r종ˉ라` 바

B：중간 맛도 매워. 약간 매운맛으로 주문하는 게 낫겠어.

r종ˉ라` 이에ˇ 헌ˇ 라`, 하이´r스 띠엔ˇ 웨이ˉ라` 바

기타 표현 | 更多表达

1. 안 매운맛, 약간 매운맛, 중간 맛, 아주 매운맛

不辣	微辣	中辣	特辣
뿌´라`	웨이¯라`	r종¯라`	터`라`

2. 너 먹고 싶은 거 먹자.

   你想吃什么就吃什么。

   니ˇ 시앙ˇ r츠¯ r스언´머 지오우` r츠¯ r스언´머

3. 우리 배달시켜 먹자.

   我们叫外卖吧。

   워ˇ먼 지아오` 와이`마이` 바

4. 배송비가 너무 비싸.

   配送费太贵了。

   페이`쏭`f페이` 타이` 꿰이` 러

문법 및 표현 | 语法与表现

1. 경험을 나타내는 过

'먹어 본 적 있어', '가본 적 있어'와 같이 '~해본 적 있다'는 경험을 나타낼 때 동사 뒤에 过를 사용해서 표현할 수 있어요. 질문할 때는 吗, 부정할 때는 没를 붙이면 돼요.

의문형	긍정형	부정형
你吃过麻辣烫吗？	我吃过。	我没吃过。
你去过中国吗？	我去过。	我没去过。

2. 의견 말하기

'还是~吧(~하는 게 좋겠어)'라는 표현을 통해 자신의 의견을 완곡하게 말할 수 있어요.

물어보는 게 좋겠어. 还是问吧。

지금 가는 게 좋겠어. 还是现在去吧。

*묻다 问 원`

회화 연습 | 口话练习

~해본 적 있다.	동사 + 过
중국에 가본 적 있다.	去过中国。
훠궈를 먹어본 적 있다.	吃过火锅 훠ˇ꿔ˉ。
훠궈를 먹어본 <u>적 없다</u>.	<u>没</u>吃过火锅。

~하는 게 낫겠어.	还是~吧。
물어보는 게 낫겠어.	还是问 원ˋ 吧。
지금 가는 게 낫겠어.	还是现在去 시엔ˋ짜이ˋ 취ˋ 吧。
신경 끄는 게 낫겠어.	还是别管 삐에ˊ꽌ˇ 吧。

연습문제 | 练习题

*다음 〈보기〉에서 알맞은 한자를 써넣으세요.

<보기>

麻辣烫　　怕　　点　　微辣

1. 我(　　)吃辣的。
2. 还是点(　　)吧。
3. 你吃过(　　)吗？
4. 那我们(　　)中辣吧。

*다음 질문에 자신의 경험에 근거하여 둘 중 하나를 선택하세요.

1. 你去过日本吗?

   去过 / 没去过

2. 你吃过火锅吗?

   吃过 / 没吃过

3. 你看过中国电影吗?

   看过 / 没看过

*还是~吧를 활용하여 중국어 문장으로 바꾸세요.

1. 약간 매운맛으로 주문하는 게 좋겠어.

→ ____________________

2. 월요일에 가는 게 좋겠어.

→ ____________________

3. 영화 보는 게 좋겠어.

→ ____________________

Chapter 14

술 마시기

중국인의 음주 습관은 우리나라와 조금 달라요. 상대방이 술을 따라 주며 敬您(징닌) 한 잔 올린다고 하며 서로 따라 주지만, 우리나라 사람처럼 술잔을 돌리지는 않아요. 또 상대방의 술을 단숨에 다 마실 필요는 없어요, 자신의 주량에 따라, 다 마시려면 干杯(간베이)라고 하고, 술이 약하면 주량에 따라 마시겠다고 随意(쒜이이)라 말하세요.

새 단어 | 生词

1. 酒鬼 지오우ˇ꿰이ˇ jiǔguǐ : 주당
2. 喝 허ˉ hē : 마시다
3. 了 러 le : ~했다
4. 瓶 핑ˊ píng : 병
5. 烧酒 r샤오ˉ지오우ˇ shāojiǔ : 소주
6. 喝醉 허ˉ쮀이ˋ hēzuì : 취하다
7. 给 께이ˇ gěi : ~에게
8. 倒酒 따오ˋ지오우ˇ dàojiǔ : 술을 따르다
9. 为~干杯 웨이ˋ~깐ˉ뻬이ˉ wèi~gānbēi : ~위해 건배
10. 友谊 요우ˇ이ˋ yǒuyì : 우정

한글로 본문 읽기 | 用韩文阅读课文

A：你是个酒鬼，喝了四瓶烧酒。

니ˇ r스ˋ 거 지오우ˇ꿰이ˇ, 허ˉ 러 쓰ˋ 핑ˊ r샤오ˉ 지오우ˇ

B：哈哈，我还没喝醉。

하ˉ하ˉ, 워ˇ 하이ˊ 메이ˊ 허ˉ쮀이

A：来，我给你倒酒。

라이ˊ, 워ˇ 께이ˇ 니ˇ 따오ˋ지우ˇ

B：为我们的友谊干杯！

웨이ˋ 워ˇ먼 더 요우ˇ이ˋ 깐ˉ뻬이ˉ

A：너 주당이구나, 소주 4병 마셨어.

니ˇ r스ˋ 거 지오우ˇ꿰이ˇ, 허ˉ 러 쓰ˋ 핑ˊ r샤오ˉ 지오우ˇ

B：하하, 나 아직 안 취했어.

하ˉ하ˉ, 워ˇ 하이ˊ 메이ˊ 허ˉ쮀이

A：자, 한 잔 따라 줄게.

라이ˊ, 워ˇ 께이ˇ 니ˇ 따오ˋ지우ˇ

B：우리의 우정을 위해 건배!

웨이ˋ 워ˇ먼 더 요우ˇ이ˋ 깐ˉ뻬이ˉ

기타 표현 | 更多表达

1. 너는 주량이 얼마니?

   你的酒量是多少？

   니ˇ 더 지오우ˇ량ˋ rㅅˋ 뚜오ˉr샤오

2. 소주 마실래? 아니면 맥주 마실래?

   你喝烧酒还是啤酒？

   니ˇ 허ˉ r샤오ˉ지오우ˇ 하이ˊrㅅˋ 피ˊ지오우ˇ

3. 우리의 행복을 위해 건배!

   为我们的幸福干杯！

   웨이ˋ 워ˇ먼 더 싱ˋf푸ˊ 깐ˉ뻬이ˉ

4. 원샷 안 해도 돼, 편하게 마셔.

   不用干杯，随意吧。

   부ˊ용ˋ 깐ˉ뻬이ˉ, 쒜이ˊ이ˋ 바

문법 및 표현 | 语法与表现

1. 다양한 양사

중국어에는 한국어보다 더욱 다양한 양사들이 존재해요. 수+양+명 잊지 않았죠?

명사	양사	수 + 양 + 명
책, 잡지	本	一本书 책 한 권
신발, 젓가락	双	一双鞋 신발 한 켤레
옷, 사건	件	一件衣服 옷 한 벌
그릇	碗	一碗麻辣烫 마라탕 한 그릇
연필, 립스틱	支	一支铅笔 연필 한 자루

2. 완료를 나타내는 了

동사 뒤에 了를 붙이면 보통 '~했다'라고 해석되는 완료의 의미를 나타낼 수 있어요. 부정할 때는 没를 사용하는데, 이때 了는 함께 쓸 수 없어요.

원형	완료형	부정형
마시다 喝	마셨다 喝了	마시지 않았다 没喝
먹다 吃	먹었다 吃了	먹지 않았다 没吃

我们喝了两杯冰美式。우리는 아아 두 잔 마셨어.

我吃了一碗麻辣烫。난 마라탕 한 그릇 먹었어.

我没吃麻辣烫。난 마라탕 안 먹었어.

회화 연습 | 口话练习

소주 네 병	수사 + 양사 + 명사
책 한 권	一本书 이ˋ뻰ˇ r수ˉ
마라탕 두 그릇	两碗麻辣烫 량ˇ완ˇ 마ˊ라ˋ탕ˋ
옷 세 벌	三件衣服 싼ˉ 지엔ˋ 이ˉ f푸

~ 했다.	동사 + 了
책 한 권을 보았다.	看了 칸ˋ러 一本书。
마라탕 두 그릇을 먹었다.	吃了 r츠ˉ러 两碗麻辣烫。
옷 세 벌을 샀다.	买了 마이ˇ러 三件衣服。

연습문제 | 练习题

*다음 명사와 어울리는 양사를 고르세요.

1. 젓가락 •	• 件
2. 잡지 •	• 本
3. 옷 •	• 碗
4. 그릇 •	• 双

*다음 밑줄 친 부분을 한국어로 정확하게 바꾸어 보세요.

1. 他喝了四饼烧酒。

→ ______________________________

2. 他喝过四饼烧酒。

→ ______________________________

3. 我朋友没去中国。

→ ______________________________

4. 我朋友没去过中国。

→ ______________________________

*다음 단어를 알맞은 순서로 배열하세요.

1. 没　我　喝醉　还

→ ______________________________

2. 干杯　友谊　为我们的

→ ______________________________

3. 酒　给你　倒　我

→ ______________________________

정답 | 正确答案

〈제4과〉

*다음 단어의 알맞은 한어병음을 쓰세요.

1. bàba
2. māma
3. lǎoshī
4. hǎo

*다음 인사말을 올바르게 연결하세요.

1. 웃어른께 인사	你们好
2. 여러 사람에게 인사	你好
3. 아침 인사	您好
4. 친구에게 인사	早安

*다음 문장을 吗를 이용한 의문문으로 바꾸세요.

1. 你们好吗？
2. 爸爸、妈妈都好吗?
3. 妈妈是老师吗？

〈제5과〉

*다음 단어의 알맞은 한국어 의미를 쓰세요.

1. 알다
2. 대단히
3. 성이 ~이다
4. 기쁘다

*다음 중 의문대사 의문문을 찾아 ○ 표시하세요.

1. ○
2. ×
3. ○
4. ×

*〈보기〉를 참고하여 본인의 실제 상황에 맞게 대답해 보세요.

1. 我姓金/我姓朴/我姓李
2. 我妈妈姓梁/我妈妈姓韩
3. 我朋友姓崔/我朋友姓高

〈제6과〉

*다음 문장을 의미에 맞게 알맞은 단어를 써서 완성하세요.

1. 中国人
2. 今年
3. 朋友

*다음 문장을 의문대사 의문문으로 바꾸어 보세요.

1. 他是谁？
2. 老师是哪国人？
3. 你妹妹多大？

*다음 질문에 중국어로 대답해 보세요.

1. 他是韩国人。
2. 他是中国人。
3. 他是美国人。
4. 他是日本人。

〈제7과〉

*다음 단어의 발음을 알맞게 연결하세요.

1. 一起	카ˉf페이ˉ팅ˉ
2. 咖啡厅	시엔`짜이`
3. 对不起	이`치ˇ
4. 现在	뛔이`뿌`치ˇ

*시계를 보고 다양하게 시간을 표현해보세요.

1. 八点四十五分分/八点三刻
2. 四点五十五分/差五分五点
3. 五点三十分/五点半

*다음 질문에 중국어로 대답해 보세요.

1. 我十点有课。
2. 我七点半起床。
3. 我两点一刻去学校。

〈제8과〉

*다음 단어의 알맞은 한국어를 쓰세요.

1. 책가방
2. 지갑
3. 모두
4. 보다

*다음 〈보기〉를 참고하여 중국어로 대답해 보세요.

1. 老师的
2. 朋友的
3. 妹妹的

*다음 제시어가 들어갈 위치를 고르세요.

1. ②
2. ③
3. ②

〈제9과〉

*다음 문장을 의미에 맞게 알맞은 단어를 써서 완성하세요.

1. 宴会
2. 生日
3. 礼物

*다음 문장에서 관형어를 찾아 동그라미로 표시하세요.

1. 她是老师的妹妹吗？
2. 谢谢，是好漂亮的钱包。
3. 那是你的书包吗？
4. 这是送你的礼物。

*다음 〈보기〉에서 알맞은 축하 표현을 골라 적으세요.

1. ㄷ
2. ㄹ
3. ㄱ
4. ㄴ

〈제10과〉

*다음 단어의 알맞은 중국어를 쓰세요.

1. 北京
2. 闷热
3. 经常
4. 下雨

*다음 계절과 기후를 올바르게 연결하세요.

1. 春天	凉快
2. 夏天	热
3. 秋天	暖和
4. 冬天	冷

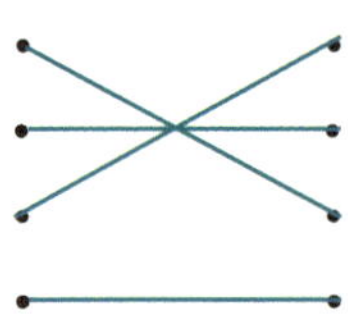

*다음 문장을 한국어로 바꾸세요.

1. 베이징의 기후는 어때?
2. 겨울에는 얼어 죽을 만큼 추워.
3. 여름에는 자주 비가 와.

〈제11과〉

*다음 단어의 발음을 알맞게 연결하세요.

1. 咱们	삐ˇ싸이`
2. 足球	짠´먼
3. 喜欢	쭈´치오우´
4. 比赛	시ˇ환

*다음 단어를 알맞은 순서로 배열하세요.

1. 你的爱好是什么？
2. 我喜欢去爬山。
3. 咱们星期六一起去汉拿山。

*다음 대화를 완성해 보세요.

1. 去爬山
2. 去看
3. 去买

〈제12과〉

*다음 밑줄 친 단어의 한국어 의미를 쓰세요.

1. 맛있다
2. 합계, 전부
3. 아메리카노
4. 사진을 찍다

*다음 금액을 〈보기〉와 같이 중국어로 말해보세요.

1. 三十五块
2. 六十七块
3. 二百四十八块
4. 九百九十九块

*다음 중 양사의 순서가 올바르면 ○, 그렇지 않으면 × 표시하세요.

1. ×
2. ○
3. ○
4. ×

〈제13과〉

*다음 〈보기〉에서 알맞은 한자를 써넣으세요.

1. 怕
2. 微辣
3. 麻辣烫
4. 点

*다음 질문에 자신의 경험에 근거하여 둘 중 하나를 선택하세요.

1. 가본 적 있다 / 가본 적 없다
2. 먹어본 적 있다 / 먹어본 적 없다
3. 본 적 있다 / 본 적 없다

*还是~吧를 활용하여 중국어 문장으로 바꾸세요.

1. 还是点微辣吧。
2. 还是星期一去吧。
3. 还是看电影吧。

〈제14과〉

*다음 명사와 어울리는 양사를 고르세요.

1. 젓가락 — 双
2. 잡지 — 本
3. 옷 — 件
4. 그릇 — 碗

*다음 밑줄 친 부분을 한국어로 정확하게 바꾸어 보세요.

1. 먹었다.
2. 먹은 적 있다.
3. 안 갔다.
4. 가본 적 없다.

*다음 단어를 알맞은 순서로 배열하세요.

1. 我还没喝醉。
2. 为我们的友谊干杯。
3. 我给你倒酒。

저자약력

김은주(金恩柱)

• 대만 국립고웅사범대학교 문학 석사, 중국 중산대학교 언어문자학 박사, 현재 제주한라대학교 관광중국어과 교수이다.

• 어휘와 문화, 중국어어휘학, 어린이중국어교수법, 제2외국어로서의 중국어교육론, 중국어실용교육, 대외한어교학, 관광중국어, 중국문화의 이해, 시사중국어 등의 과목을 강의하고 있으며 주요 논문 및 저서로 「唐代墓誌銘用韻研究」, 『兒童漢語教學法』, 『관광중국어』, 『호텔중국어』, 『미용중국어』, 『항공서비스중국어』 외 다수를 집필하였다.

• 제주도 내 관광산업 분야 자문 및 중국어 교육 컨설팅위원으로 활동하고 있다.

한미애(韓美愛)

• 제주대학교 통번역학 석사, 중국 베이징어언대학교 응용언어학 박사, 현재 제주한라대학교 관광중국어과 겸임교수이자 '메이아이중국어' 대표이다.

• 연구 분야는 제2언어 습득 연구, 중국어 교육이며 주요 논문으로는 「중의성 문장에서 단어 간 공백이 한국인 학습자의 독해에 미치는 효과」, 「한국인 학습자의 중국어 성조 습득 발전 연구-3성 변조를 중심으로」 등이 있다.

저자와의
합의하에
인지첩부
생략

즐거운 갓생 생활 중국어

2026년 2월 10일 초판 1쇄 인쇄
2026년 2월 15일 초판 1쇄 발행

지은이 김은주 · 한미애
펴낸이 진성원
펴낸곳 (주)백산출판사
교 정 박시내
본문디자인 오행복
표지디자인 오정은

등 록 2017년 5월 29일 제406-2017-000058호
주 소 경기도 파주시 회동길 370(백산빌딩 3층)
전 화 02-914-1621(代)
팩 스 031-955-9911
이메일 edit@ibaeksan.kr
홈페이지 www.ibaeksan.kr

ISBN 979-11-7385-083-7 93720
값 12,500원